Editor Oscar Armayor

Edición y textos María Eugenia Ludueña y Verónica Podestá

Cubierta, arte e ilustraciones Mariana Capuzzi

Fotografías Ariel Gutraich

Producción fotográfica María Inés Podestá

Corrección: Marcela Alejandra Prieto

Producción Industrial: Nicolás Arfeli

Preimpresión: Mikonos Comunicación Gráfica

Producción artística y musical del CD: Pablo Labriola

Arreglos y dirección musical del CD: Ramiro Allende

Intérprete: Alicia Iacoviello

Agradecimientos Manu, Emi, Valen, Marce y Norma

Los objetos que ilustran este libro fueron fotografiados
gracias a la colaboración de:
Magneto: Unicenter Shopping, Panamericana y Paraná,
Martínez, y sucursales.
Recursos infantiles: Ladislao Martínez 189, Martínez, y sucursales.

EG

Canciones para mi bebé

Incluye guía de estimulación

EDITORIAL GUADAL

La música es un idioma universal, y uno de los primeros lenguajes que el bebé identifica. Mientras aún está en la panza, percibe el sonido cardíaco de la mamá como una suerte de partitura de fondo y es capaz de reconocer su voz. El oído es el primer órgano que se desarrolla a nivel embrionario y entra en actividad a partir del cuarto mes de gestación. Está comprobado científicamente que la música modifica la estructura del cerebro desde la vida intrauterina, alivia el estrés, estimula el desarrollo del lenguaje y mejora las habilidades motoras. De ahí la importancia de exponer al bebé a la magia de la música, lo más temprano posible.

Desde el nacimiento, los sonidos favorecen el juego cara a cara, que además de musical es gestual, táctil, lleno de emoción. Las investigaciones aseguran que un bebé reconoce y prefiere aquellas melodías que escuchó en el vientre materno. Y coinciden en que media hora de música diaria mejora el funcionamiento del sistema inmunológico infantil. Escuchar ciertos acordes estimula la organización de la actividad cerebral, alivia la tensión muscular y aumenta la sensación de bienestar y armonía.

Una canción puede minimizar sensaciones desagradables y transmitir serenidad. Para el bebé es fundamental cómo y qué se le canta. En este libro encontrarás una breve compilación musical, con letras simples, populares, ésas que se enseñan de generación en generación. Algunas repiten estrofas y palabras, y están aconsejadas a fin de facilitar determinadas rutinas como comer, bañarse, dormir. Junto a cada una de ellas, hay una idea de estimulación, para aprovechar al máximo este momento de encuentro y potenciar otras habilidades y placeres.

El libro viene acompañado de un CD, para conocer
las melodías menos familiares. A medida que las vayas
aprendiendo con tu bebé, también puedes cambiar
las músicas tradicionales y darles tu propio ritmo y estilo.
Lo mismo vale para las coplas. En las últimas páginas
se incluye una sección para registrar la relación
que se establece entre tu hijo y la música que lo rodea,
sus preferencias, reacciones y anécdotas.

La idea es jugar con las palabras, con las canciones,
con el nombre, con la piel, con la mirada.
Convertir cada minuto en una excusa para envolverlo
de sonidos amorosos.

Nanas

Son melodías que conjugan la ternura, el afecto y los ritmos que el bebé percibió desde la gestación. Al cantarlas una y otra vez, acompasadamente, lo remiten a los vaivenes que experimentó en la panza de la mamá.

Están hechas de sonidos envolventes, simples, tejidos con vocales largas. Fueron el recurso intuitivo de las mujeres de todos los tiempos y rincones del planeta para calmar y dormir a sus hijos.

Mecer a los niños con canciones suaves tiene el efecto de un mantra: predispone la mente y el cuerpo para la relajación. Las nanas crean una atmósfera de calma e intimidad. Son la mejor ofrenda para transmitirles amor y paz.

Este nene lindo

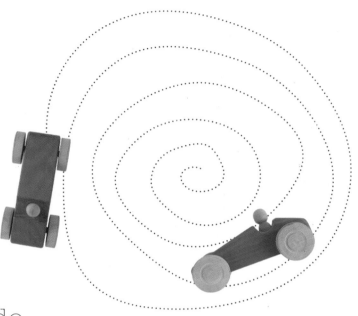

Este nene lindo
se quiere dormir
y el pícaro sueño
no quiere venir.

Esta nena linda
que nació de noche
quiere que la lleven
a pasear en coche.

Las nanas o canciones de cuna son mensajes de profunda ternura para acompañar y calmar a los bebés. Se entonan con voz suave, rítmica y melodiosa.

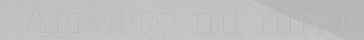

Arrorró mi niño,
la luna llegó,
porque a su casita
se ha marchado el sol.

Todo pajarito
duerme sin temor
y sus ventanitas
ya la noche abrió.

Arrorró mi niño,
que te canto yo.
Arrorró mi niño,
que ya se durmió.

Pajarito que cantas

Pajarito que cantas en la laguna
no despiertes al niño que está en la cuna.
Ea... la nana. Ea... la nana.
Duérmete lucerito de la mañana.

A dormir va la rosa de los rosales
a dormir va mi niño porque ya es tarde.
Ea... la nana. Ea... la nana.
Duérmete lucerito de la mañana.

Pajarito que cantas junto a la fuente
calla que mi niño no se despierte.
Ea... la nana. Ea... la nana.
Duérmete lucerito de la mañana.

Los masajes despiertan sensaciones placenteras y relajantes, y fortalecen el vínculo entre la mamá y el bebé. Acaríciale suavemente los pies, las manos y la cabeza, primero con las yemas y luego con las palmas de las manos.

A dormir mi bebé

A dormir mi bebé
que un buen ángel te cuida
y dormido quedarás
en los brazos de mamá.

Y mañana otra vez
volverás a reír
y mañana otra vez
volverás a jugar.

Una táctica para llamar al sueño: apoya el dedo índice sobre el centro de la frente del bebé y, al ritmo de la nana, ve descendiendo lentamente hasta la punta de la nariz. Los ojitos se irán cerrando a medida que se repite el movimiento.

Este niño chiquito

Este niño chiquito
no tiene cuna
su padre es carpintero
que le haga una.

Todo lo chiquitito
me hace a mí gracia
hasta los pucheritos
de media cuarta.

Estrellita del cielo
rayo de luna
alumbrad a mi niño
que está en la cuna.

Prepara el momento del sueño como un ritual:
respeta horarios, espacios, luces y canta siempre las mismas nanas. Así el bebé se
predispondrá mejor para dormir como un angelito.

Din dan, din don dan

Din dan, din don dan,
campanitas sonarán.

Din dan, din don dan,
que a los niños dormirán.

Dindilín dandalán dandalán dan,
las estrellas brillarán.

Cierra los ojos y duérmete ya
porque la noche muy pronto vendrá.

Dan, dan, dan.

Mecer al niño mientras se le canta es una costumbre milenaria.
El niño se calma si lo arrullan, porque revive el ritmo del cuerpo de la madre cuando
ella deambulaba llevándolo en su vientre.

La manzana nació verde

La manzana nació verde
la manzana nació verde
y el tiempo la maduró
mi corazón nació libre
y el tuyo lo cautivó.

Mirar a los ojos a tu bebé favorece la comunicación y el contacto. Cuando tus ojos se encuentran con los de tu hijo, ambos se sumergen en un tiempo mágico. Se instala la calma y el bebé se entrega al descanso con mayor facilidad.

Duérmete guagüita

Haga tutu guagua
que parió la gata
cinco burriquitos
y una garrapata.

Haga tutu guagua
que viene la vaca
y si no te duermes
comerá la papa.

Duérmete guagüita
que viene la cierva
a saltos y brincos
por entre las piedras.

Haga tutu guagua
que parió la gata
cinco burriquitos
y una garrapata.

Guaguatear, del quechua, significa "cargar en brazos", "mecer a la 'guagua' (niño pequeño) con el cuerpo". Así se exponen la piel, la mirada y las emociones en el encuentro.

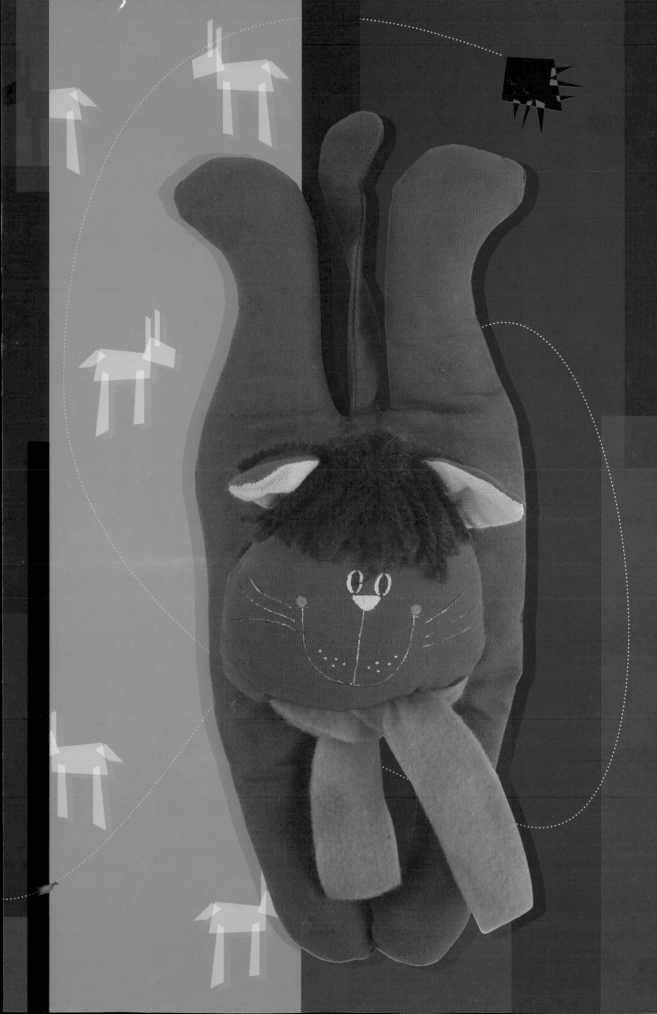

La hora del baño

El agua divierte y relaja. Desde el nacimiento, es como una gran madre protectora. Para el bebé, la hora del baño está llena de reminiscencias del útero, donde creció durante nueve meses. Significa mucho más que un hábito de higiene cotidiana. Es un ritual compartido de mimos y caricias. Un tiempo de sensaciones, miradas, texturas, en el que madre e hijo se encuentran para experimentar. Sumar la música a estos estímulos favorece sus habilidades y el aprendizaje motor e intelectual.

El momento del baño implica una serie de rutinas: preparar al agua, mojar al niño, enjabonar su cuerpito, lavarle la cabeza, secarlo, vestirlo. Cada uno de estos gestos puede acompañarse con una canción. Y convertirse en una oportunidad para disfrutar y enriquecer el vínculo.

El sapo Pepe

Yo tengo un sapo que se llama Pepe
que salta y salta por todo el jardín
no tiene cola y es de color verde
no me hace caso y siempre salta así.

Le digo Pepe vení
y el salta, salta.
Pepe tomá
y él salta, salta.

Pepé pará
y él salta, salta.
Te vas a marear.
Te vas a marear.

Y, cuando llueve, salta por los charcos
y hace pocitos donde irse a dormir
no tiene cola y es de color verde
no me hace caso y siempre salta así.

El bebé se sorprende al descubrir que si él se mueve, el agua también, y que al hacerlo, salpica y hace ruido. Un ejercicio divertido es sostenerlo boca abajo y sacudir sus manos en el agua. Repítelo con los pies, colocándolo boca arriba.

El barco
chiquitito

Había una vez
un barco así de chiquitito,
que no podía, que no podía
que no podía navegar.

Pasaron una, dos, tres,
cuatro, cinco, seis,
siete semanas
y el barquito que no podía,
que no podía navegar...

Y si la historia no les parece larga
la volveremos, la volveremos,
la volveremos a empezar.

Que llueva

Que llueva, que llueva,
la vieja está en la cueva,
los pajaritos cantan,
las nubes se levantan.

¡Que sí!
¡que no!
que caiga un chaparrón,
con azúcar y turrón.

Que siga lloviendo,
los pájaros corriendo,
florezca la pradera
al sol de primavera.

¡Que sí!
¡que no!
¡Que caiga un chaparrón!
¡Que no me moje yo!

Para que el bebé identifique el momento del baño, nada mejor que lo desvistas cantándole siempre la misma canción.

Humedecerle gradualmente el cuerpo y mojarle la cabeza antes de entrar en el agua son gestos que lo ayudan a sentirse seguro y lo preparan para disfrutar.

Pim Pon

Pim Pon es un muñeco
muy grande y de cartón
se lava la carita
con agua y con jabón.

Se desenreda el pelo
con peine de marfil
y aunque se da tirones
no llora ni hace ¡ay!

Cuando las estrellitas
comienzan a salir
Pim Pon se va a la cama
se acuesta y a dormir.

Un juego para secar al bebé después del baño: haz un rollo con una toalla grande
y ubícalo boca abajo con el rollo a la altura del pecho y los brazos por encima.
Tómalo de la cadera y empújalo con suavidad hacia adelante y hacia atrás.

La rana

Cucú cantaba la rana
cucú debajo del agua.

Cucú pasó un caballero
cucú con capa y sombrero.

Cucú pasó una señora
cucú con traje de cola.

Cucú pasó un marinero
cucú vendiendo romero
cucú le pidió un ramito.

Cucú no le quiso dar
cucú y se echó a llorar.

El agua calma, mece y cobija. Cuando el bebé llora mucho
o está enojado, el baño induce a la relajación. Se puede entrar en el agua con él
en brazos, cantándole y acunándolo con serenidad.

Yo tengo un castillo

Yo tengo un castillo,
matarile-rile-rile,
yo tengo un castillo,
matarile-rile-ron,
pim-pon.

¿Dónde están las llaves?
matarile-rile-rile,
¿dónde están las llaves?
matarile-rile-ron,
pim-pon.

En el fondo del mar,
matarile-rile-rile,
en el fondo del mar,
matarile-rile-ron,
pim-pon.

¿Quién irá a buscarlas?
matarile-rile-rile,
¿quién irá a buscarlas?
matarile-rile-ron,
pim-pon.

Irá................................. ....
(nombre del nene)

matarile-rile-rile,
irá.......................... ....
(nombre del nene)

matarile-rile-ron,
pim-pon.

¿Qué oficio le pondrá?
matarile-rile-rile,
¿qué oficio le pondrá?
matarile-rile-ron,
pim-pon.

Conviene elegir esponjas, cepillos suaves y juguetes de goma coloridos. Pásalos por la piel del bebé para que experimente distintas sensaciones y texturas. Al limpiar con ellos cada parte de su cuerpo, puedes aprovechar para darle un breve masaje.

Para aprender

Diferentes investigaciones sobre la evolución del cerebro infantil ya lo comprobaron: la música ejerce un efecto poderoso sobre los pensamientos y los estados emocionales. El coeficiente intelectual aumenta en aquellos niños que viven rodeados de música, con padres que le cantan habitualmente.

A través de sonidos y palabras, los bebés conocen el mundo. Se fascinan al descubrir el movimiento de las manos. Por eso, las primeras canciones para aprender se centran sobre su cuerpo. Juegan con sus dedos y con el golpeteo sobre las distintas partes, desde la cabeza hasta los pies. La música abre un espacio de aprendizaje y placer, la dupla perfecta que garantiza el crecimiento integral.

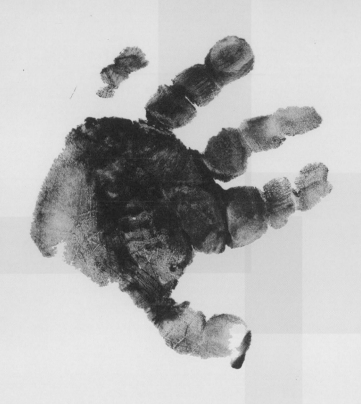

A mis manos

A mis manos, a mis manos, yo las muevo
y las paseo y las paseo.
A mis manos, a mis manos, yo las muevo
y las paseo aquí y allá.

Y hacemos ruido y mucho ruido
golpeamos los pies, las manos también.

A mi cabeza yo la muevo, yo la muevo
y la paseo y la paseo.
A mi cabeza yo la muevo, yo la muevo
y la paseo aquí y allá.

Y hacemos ruido y mucho ruido
golpeamos los pies, las manos también.

Canta esta canción con gestos exagerados de derecha a izquierda una
y otra vez, de modo que el bebé fije la mirada en la acción y la siga con los ojos.
Repítela moviendo la parte de su cuerpo que se menciona en cada estrofa.

¿Quién es ese nene?

¿Quién es ese nene
que está por ahí?

Tiene dos ojitos
sabe sonreír.

Mueve la cabeza
que no, que sí.

¿Quién es ese nene
que está por ahí?

....

(nombre del nene)

Los espejos ejercen una especial atracción en los bebés.
Canta esta canción frente a un espejo, de modo que el niño toque y se sorprenda
frente a su propia imagen.

Cinco deditos

El dedo gordo, el dedo gordo
¿dónde está? Aquí está.
Gusto en saludarte, gusto en saludarte
y se va para atrás.

El que señala, el que señala
¿dónde está? Aquí está.
Gusto en saludarte, gusto en saludarte
y se va para atrás.

El más grandote, el más grandote
¿dónde está? Aquí está.
Gusto en saludarte, gusto en saludarte
y se va para atrás.

El del anillo, el del anillo
¿dónde está? Aquí está.
Gusto en saludarte, gusto en saludarte
y se va para atrás.

El más chiquito, el más chiquito
¿dónde está? Aquí está.
Gusto en saludarte, gusto en saludarte
y se va para atrás.

Y mis manitos
¿dónde están? Aquí están.
Gusto en saludarlas, gusto en saludarlas
y se van para atrás.

Al ritmo de la canción, marca uno a uno los deditos:
primero los de la mano derecha, luego los de la izquierda y continúa con los dedos
de los pies. Repite la secuencia, para que el bebé se vaya anticipando a cada movimiento.

Con mi martillo

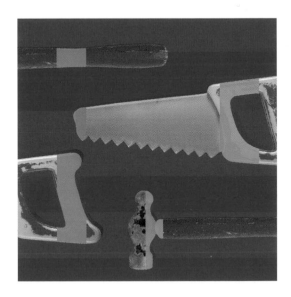

Con mi martillo
martillo, martillo
con mi martillo
martillo yo.

Con mi serrucho
serrucho, serrucho
con mi serrucho
serrucho yo.

Con mis manitos
aplaudo, aplaudo
con mis manitos
aplaudo yo.

Con mis piecitos
camino, camino
con mis piecitos
camino yo.

Con la mímica correspondiente a cada acción, emite un sonido propio y diferente. Hay que prestar atención a las reacciones del bebé: puede reírse con alguno pero asustarse con otro. Modifica las estrofas según sus preferencias.

Si tú tienes muchas ganas...

Si tú tienes muchas ganas de aplaudir
si tú tienes muchas ganas de aplaudir
si tú tienes la ocasión y no hay oposición
no te quedes con las ganas de aplaudir.

Si tú tienes muchas ganes de reír, ja, ja
si tú tienes muchas ganas de reír, ja, ja
si tú tienes la ocasión y no hay oposición
no te quedes con las ganas de reír, ja, ja.

Si tú tienes muchas ganas de llorar, ua, ua
si tú tienes muchas ganas de llorar, ua, ua
si tú tienes la ocasión y no hay oposición
no te quedes con las ganas de llorar, ua, ua.

A los bebés les gusta jugar a las escondidas. Al cantar, puedes apoyarle con delicadeza una toalla pequeña sobre su cara, y retirarla en el momento en que se canta la onomatopeya ("ja, ja"). Al repetir la acción, intentará destaparse sin ayuda.

La familia

Este dedo es la mamá
éste otro es el papá
el más grande
es el hermano
con la nena de la mano
el chiquito viene atrás
todos salen a pasear.

Para que el bebé recién nacido contemple el movimiento de sus manos, puedes acostarlo de espaldas sobre una toalla, tomarla de los extremos y mecerla. Los brazos quedarán levantados y sus manos, justo frente a los ojos.

Melodías de la tierra

Todas las culturas celebran el mágico poder de la música. Las canciones populares se transmiten como un rito ancestral, que no necesita del registro de la palabra impresa. Llegan a nosotros a través de la repetición. Las cantaban nuestras tatarabuelas para arrullar a sus hijos y ellos, a su vez, las enseñaron a las siguientes generaciones, así como ahora las soplamos a los oídos del bebé.

Son canciones sin tiempo y espacio. Todavía resuenan en las cocinas de la ciudad o en un atardecer en el campo. Se cantan a cualquier hora. Su mensaje trasciende el significado de las letras y los acordes de la música. Porque, al cantarlas, invocamos y recordamos a la humanidad que nos precedió sobre esta tierra.

El gallo Pinto

El gallo Pinto se durmió
y en la mañana no cantó
todo el mundo espera
su cocoricó
el sol no salió
porque aún no lo oyó.

El gallo Pinto no pinta
el que pinta es el pintor
el gallo Pinto no pinta
pinta que pinta el pintor.

Experimentar el ritmo con todo el cuerpo puede ser una experiencia fascinante. Mientras entonas la canción, dale a tu bebé suaves palmadas en la cola, las manos, el pecho y la espalda marcando el compás de la melodía.

La música que subyace en la naturaleza es el mejor estímulo para sus sentidos. Dirige su atención hacia el canto de un pájaro, el ruido del viento y de la lluvia. Recoge piedras y chócalas entre sí para producir diferentes sonidos.

La paloma blanca

Estaba la paloma blanca
sentada en un verde limón
con el pico cortaba la rama
con la rama le daba la flor.

¡Ay, mi amor, cuándo te veré yo!
¡Ay, mi amor, cuando se esconda el sol!

Me arrodillo a los pies de mi amante
me levanto constante, constante.

Dame una mano, dame la otra
dame un besito sobre tu boca.

Daré la media vuelta
daré la vuelta entera
haciendo un pasito atrás
haciendo la reverencia.

Pero no, pero no, pero no
porque me da vergüenza.

Pero sí, pero sí, pero sí
porque te quiero a ti.

Rimas

La naranja y el melón
se parecen al limón
el limón y la sandía
se parecen a mi tía.

Qui-qui-ri-quí
co-co-ro-có
duérmete luna
que ya sale el sol.

Piti, piti, pon
cara de cartón
si no sale el sol
viene el nubarrón.

Los versos de las coplas tienen ritr
o con una cuchara que golpee sobre la mesa. Puedes baila

Bajo la cama
del tío Simón
hay un perrito
que toca el tambor.

A Pepín el pirulero
le hace ruido su sombrero
que si salta, que si corre
con su carro, muy ligero.

Al subir una montaña
una pulga me picó
la tomé de las narices
y se me escapó.

propio. Acompáñalo con palmas, con instrumentos
con el bebé en brazos. La alegría y la risa estarán garantizadas.

Mi morena

Tiene mi morena
tan chiquita boca
que en ella le caben
dos platos de sopa
cuarenta pepinos
diez mil calabazas
y en serio les digo
un cajón de pasas.

A la pobre chica
le dio la viruela
calentura mala
y dolor de muelas.
El doctor le dio
la zarzaparrilla
jarabe de piña
té de manzanilla.

Capitán de barco
le mandó un papel
a ver si quería
casarse con él.
Ella le responde
por medio del mar
que para casarse
tiene que comprar.

'Naguas' con tiritas
y otro delantal.
Tirita por delante
tirita por detrás.
Tirita por delante
tirita por detrás.
Adiós que me voy
y no vuelvo más.

El bebé tiene sus propios gustos, y los manifiesta a través de sonrisas, miradas de asombro, pucheros, balbuceos de alegría o de protesta. Es importante que estés atenta a sus reacciones, para repetir las canciones y los sonidos que más le agradan y evitar aquellos que le desagradan.

De fïesta

La música celebra la vida. Las fiestas y los momentos significativos tienen melodías propias, ligadas a la historia y a la tradición de los pueblos.

El bebé escucha por primera vez las canciones que lo acompañarán a lo largo de su existencia en fechas y festejos importantes para la familia. En su memoria auditiva se graban las emociones que despiertan.

Desde unas semanas antes del evento, ejercita a tu hijo en las pequeñas rutinas que forman parte de las fiestas. Aplausos, meneos, bailes, velitas, globos. Todo ayuda para que él participe activamente de la alegría que produce el encuentro con los seres queridos a través de la música.

Las mañanitas

Estas son las mañanitas que cantaba el rey David.
Hoy por ser día de tu santo te las cantamos aquí.
Despierta mi bien despierta, mira que ya amaneció
ya los pajaritos cantan, la luna ya se metió.

Qué linda está la mañana en que vengo a saludarte
venimos todos con gusto y placer a felicitarte.
El día que tú naciste nacieron todas las flores
y en la pila del bautismo cantaron los ruiseñores.
Ya viene amaneciendo, ya la luz del día nació
levántate de mañana, mira que ya amaneció

Quisiera ser un rayito para entrar por tu ventana
y darte los buenos días acostadita en tu cama.
Quisiera ser un San Juan, quisiera ser un San Pedro
y venirte a saludar con la música del cielo.
Ya viene amaneciendo, ya la luz del día nació.

El bebé está ávido de experiencias nuevas.
Con imaginación, es posible armarle un móvil diferente cada día,
realizado con elementos caseros: papeles metalizados de colores llamativos,
pañuelos o telas de distintas texturas, cintas y peluches divertidos.

Noche de paz

¡Noche de paz,
noche de amor!
Ha nacido el niño Dios
en un humilde portal de Belén
sueña un futuro de amor y de fe.
Viene a traernos la paz.
Viene a traernos la paz.

Para ir variando la manera de transmitir la canción, lo ideal es comenzarla con la letra y la melodía originales, y después tararearla con diferentes vocales y sonidos. El silbido divierte a muchos bebés cuando sienten en sus caras el viento que produce su mamá.

Mira cómo beben

Mira cómo beben
los peces en el río,
pero mira cómo beben
por ver a Dios nacido.
Beben y beben y vuelven a beber
los peces en el río
por ver a Dios nacer.

La Virgen está lavando
y tendiendo en el romero
los pajaritos cantando
y el romero floreciendo.

Mira cómo beben...

La Virgen se está peinando
entre cortina y cortina
los cabellos son de oro
y el peine de plata fina.

Mira cómo beben...

Una verdadera fiesta para estimular los sentidos del bebé: cuando está acostado, átale cintas de colores en las muñecas y en los tobillos. Se verá impulsado a levantar los brazos y las piernas, alternando su atención entre las manos y los pies.

Noche anunciada

Noche anunciada, noche de amor,
Dios ha nacido, pétalo y flor.
Hay silencio y serenidad,
paz a los hombres es Navidad.
En el pesebre, mi Redentor,
es mensajero de paz y amor.
Cuando sonríe se hace la luz,
y en sus bracitos se hace una cruz.
Ángeles cantan en el portal,
Dios ha nacido es Navidad.
Esta es la noche que prometió
Dios a los hombres y ya llegó.
Es Nochebuena, no hay que dormir,
Dios ha nacido, Dios está aquí.

El sonajero es uno de los juguetes preferidos de los niños. Antiguamente, se lo consideraba un objeto sagrado infantil. Puedes fabricar varios con envases plásticos rellenos con alpiste, arroz o semillas, y pintarlos de colores vistosos.

Música clásica

En los últimos años, cada vez más gente habla e investiga sobre el "efecto Mozart" y la influencia altamente positiva que la música de este genial compositor ejerce sobre el ser humano, en especial sobre los bebés. El aumento del coeficiente intelectual, el estímulo de la creatividad y la exploración del movimiento y la expresión corporal son sólo algunos de sus beneficios.

¿Qué tienen de especial las composiciones de Wolfgang Amadeus Mozart? El profesor Alfred Tomatis, otorrinolaringólogo francés, lo explicó hace más de 40 años: "Su música es siempre joven, sin angustia, ni contaminación. Su producción es fresca y serena. Tiene el ritmo de un corazón que late como el de un niño. Sus compases, melodías y altas frecuencias estimulan y recargan las regiones creativas y motivadoras del cerebro. Todos sus sonidos son puros, ingeniosos y simples a la vez."

De estructura más compleja que otros géneros, la música clásica produce efectos concretos en los primeros años de vida, porque mantiene el estado de alerta, crea un ambiente de absoluta armonía y propicia la distensión, uno de los mejores estados para aprender.

Estudios científicos demostraron que las melodías de Mozart no son las únicas que desencadenan este fenómeno: la música clásica en general posee propiedades estimulantes y sanadoras, facilita la organización cerebral, refuerza los procesos creativos y la integración del pensamiento lógico con el intuitivo. Envolver al bebé con los ritmos, las melodías y las frecuencias de los grandes compositores de todos los tiempos es una ofrenda a su sensibilidad.

Mozart
Pequeña serenata nocturna
Concierto para piano Nº 21, en Do Mayor
Las bodas de Fígaro
Concierto para flauta Nº 2, en Re Mayor
Don Giovanni

Handel
La música del agua
Cuatro sonatas para flautas, opus 1, 7

Lind
Largos y adagios

Vivaldi
Conciertos para flautín y orquestas

Beethoven
Sinfonia Nº 5 la Obertura Nº 3 de Leonora
Sinfonía Nº 6 en Fa
La Obertura Fidelio

Haydn
Sinfonía Nº 100 en Sol
Sinfonía Nº 101 en Re
Sinfonía Nº 103 en Mi Bemol

Tchaikovsky
La bella durmiente del bosque
El lago de los cisnes

Bach
Preludio coral en La Mayor
Preludio y fuga en Sol Menor

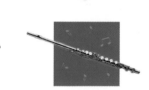

A tu medida

Letras y músicas para regalar al bebé

Una canción inventada

(Completa con una letra dedicada)

....

....

....

....

....

....

....

....

Esta canción fue pensada especialmente para ....

(nombre del bebé)

por...un día que...

(nombre del autor)

Pega aquí una foto del bebé.

Melodías favoritas

A los 3 meses: la voz de mamá y..

A los 6 meses:..

A los 9 meses:..

Al año:..

Juguetes con música

....

....

....

....

Esta lista describe los objetos sonoros que llaman la atención del bebé a lo largo del primer año de vida: un móvil con llaves fabricado por papá, una cajita de música, un sonajero o las cosas que lo atraen por el sonido.

Las elegidas de tu familia

La música preferida de mamá: ....

Los artistas favoritos de papá: ....

Los sonidos que más divierten a los hermanos: ....

Los acordes que emocionan a los abuelos: ....

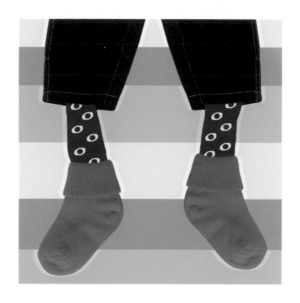

Siga, siga el baile

¿Cuál es la música que más le divierte bailar?..

¿Cómo son los primeros movimientos al ritmo de los acordes?

....

El arte de canturrear

¿Cuáles son las primeras canciones que logró identificar y

acompañar?..

....

....

....

....